Du même auteur aux Éditions Acoria

Paroles d'Ailleurs, Col. Paroles poétiques, Paris, oct. 2008
Étreintes (dialogues...), Col. Paroles poétiques, Paris, mai 2011
Instabilité et institutions politiques en Afrique centrale francophone (1960-1977), Essai, Paris, 2014
L'Afrique des blocs et l'indépendance des États africains, Mythes et réalités, Essai, Paris, fév. 2016

Morsures d'exil

Nouvelle édition

Pour
Paul
Marguerite
Romane
Nolann
Mia-Eva
Aminata
David
Harisson
Eddy
Victoria
Clayton
Bridget
Aurore
Palchina

Dessin de couverture
© Benoist Saul Lhoni, 2016

Tous droits de traduction,
de reproduction, d'adaptation et
de représentation réservés pour tous pays

ISBN 978-2-3221-633-35

Benoist Saul Lhoni

Morsures d'exil

Poésie

Mbonghi

*À l'orée du jour qui pointe
au-delà de la ligne sombre de ton ombre,
j'ai cherché en vain le renouveau du monde*

MBÀNZULU
(RÉFLEXIONS)

*Il n'est que de nous
de ne point renoncer
même devant l'insurmontable.
Le rêve utopique gagnerait à se révéler*

RÂLES DE MON EXIL

J'erre par monts
J'erre par monts et vaux
Dans la béance
De mon exil

J'erre par mont et par vaux
Maudissant ma condition
Quant au plus profond
Sourd à mes regrets douloureux
Mes racines tétanisées
se rappellent
Toujours et toujours
Encore et encore
le terreau du terroir
enfoui dans mes gènes
me rattachant
Toujours et toujours
Encore et encore
À ce pays mien

J'erre par monts
J'erre par monts et vaux
Au sommet
Mon regard embrasse
Ma solitude

Aucun écho
Ne me renvoie
Les sons de mon être

Des sons vides de résonance
Alors que, les carillons
De mon exil
Laissent échapper
Les râles de mon exil
Où suis-je ?
Qui suis-je ?
Aucune résonance
Pour m'installer
Dans mon errance

POUR SALUER TA MÉMOIRE

À Aimé Césaire

Père, jadis ton désir d'Afrique
De ton île si trouble
Les nations que tu vis pousser
Et que tu saluais
Du Mali au Ghana via la Guinée

Ces hommes que tu encensais
Sous le soleil nouveau
Le répons aujourd'hui :
Il fait sombre et c'est vrai
Nuit et orages s'éternisent

D'ici, je vois la Méditerranée prendre
Comme les caravelles
des temps funestes de l'esclavage
Les razziés volontaires cinglants
Vers la porte de non-retour
L'histoire bégayant
L'histoire en perpétuel
Recommencement

D'ici, je vois, désolés
Darfour, Centrafrique ;
Liés Liberia et Sierra Leone
Et les deux Congo
De la haine tribale séculaire
Au service des marchands de désastres
Négriers des temps modernes,
Notre complaisance coupable

L'Afrique toujours multiple
L'Afrique toujours désunie
Avec ses déserts, ses forêts, ses fleuves
Réceptacles de notre déréliction

L'Afrique toujours à part
Mais bien de ce siècle
Mais engagée dans la danse de l'incertain

Les libations porteuses de bien-être
Se sont mises au rancart
La terre n'est plus glorifiée
Le terroir en déshérence

Le mirage des richesses de l'ailleurs
Les nôtres, au service et pour le bonheur
De nos bourreaux emphytéotiques
Oripeaux du vieil éclat cruel
Paradant encore et toujours

Vois :
L'Afrique est toujours
Au diamant du malheur
    Un noir cœur qui se noie
Sa mue reléguée
Refusant à ses traditions
Un accord avec son temps

Notre Afrique est un continent
Où les mots d'ailleurs sèment le trouble
Où l'on renonce à l'alternance
Où *démon-cratie* ou *dima-el-kourcy** priment sur démocratie

C'est une Afrique bouleversée
Fermée pour les siens
Mais toujours béante pour les prédateurs
Et leurs thuriféraires
    bruns, jaunes, blancs et… Noirs

C'est une Afrique de contrastes
Au rendez-vous des pôles d'excellence
Mais tellement ténus
Même si elle se pense
En centre du XXIe siècle

LA PORTE DE NON-RETOUR
(GORÉE L'ÎLE)

Avec une certaine appréhension
J'embarque pour Gorée
Que l'on ne distingue point encore
Mais déjà présent à l'esprit

Les clapotis des vagues qui arrivent du large
Sur les flancs de la navette maritime
Sonnent comme le tocsin

Impatience des marchands
Avides de captifs déjà parqués
Qui bientôt franchiront
La porte de non-retour

Contre les parois de la navette
Quittant le port de Ndakaru
S'égrène une musique
Aria hésitante, qui déjà
Prépare mon esprit

Après un temps qui me paraît interminable
Enfin, Gorée paraît
Parée d'un halo
Contrastant avec l'éclat métallique de l'océan
À cette heure où le soleil au zénith
Darde ses rayons alentours
J'y arrive en homme libre

Pourtant avec hantise
Que vais-je y découvrir ?
Que les livres ne m'aient déjà conté ?

Je ne peux imaginer
Le parcours les menant en ce lieu
Depuis leurs régions d'origine
Razziés sans trop savoir pourquoi
Et quel serait leur sort

En pénétrant dans la cour
De cette maison-prison
Un frisson me parcourt l'échine
Et des images effroyables télescopent
Mon inconscient

De cellules minuscules
Où l'on avait entassé tant et tant d'humains
Qui en ont par conséquent perdu leur qualité
Du fait même de leur mise en abîme
Me perturbent jusqu'à l'instant
Comment imaginer
Qu'à une époque lointaine
Les miens n'étaient rien d'autre
Qu'une vile marchandise
Qu'on entreposait sans égards

Quel esprit machiavélique
A imaginé
Pareil traitement
À des desseins mercantiles
Pour des êtres
Simplement parce que différents

À tous ces questionnements
À cet endroit témoignage de la barbarie
Je pensais qu'on en avait fini
Par considérer que tous les hommes
Naissent libres & égaux en droits

Mais il ne s'agissait que d'un leurre
La maxime n'étant tout simplement pas universelle
Les mêmes maux se sont cristallisés
Changeant simplement de nature

Gorée, île témoin
J'ai vu cette porte découpée
À l'arrière du bâtiment
Et qui fait corps avec l'océan

Cette porte qui une fois franchit
Ne vous laisse plus d'alternative
Un voyage aller simple
Pour l'enfer
Avec l'océan et son puits sans fond
En maraude

Au loin tel un oiseau de mauvais augure
Un trois mats, sous pavillon français
Immatriculé au port de Bordeaux
Attendait sa pitance

Les clapotis des vagues contre ses flancs
Renvoyaient un message d'empressement
Au muret de la maison-prison
Qui se répercutait en une onde étale
Franchissant la porte de non-retour
Venir troubler les pauvres hères déjà

À cette évocation
Mes yeux s'embuent et je ne peux retenir
Un long sanglot de communion et de compassion
Pour les miens, sans défense
Qu'on mène inexorablement
Vers une funeste destinée
                d'enfants
                        de femmes
                              d'hommes
                                      esclaves
Entassés à fond de cale.

DETTE ÉTERNELLE

Ce moi trituré
Abâtardi par la déraison du défroqué
Agoni d'injures racistes
La séquence des mots
Autant de dards
Que d'absences d'arts

Que de mots inventés
Bien plus que de maux éventés
Sourds à mes lamentations
Renvoyant dans l'infini de la péroraison
Ma vanité du muntu kongo
Du muntu kongo irrévérencieux

Tandis qu'ils réussissent
Le hold-up parfait
Sans effusion de sang visible
Le crime presque parfait

Dès lors que mes richesses
Moi,
Considéré, pauvre à tort,
Cependant parfaitement visible
Aux antipodes de mes besoins
Courent les bourses sans éthique

M'appauvrissant
Et me pressant de taux d'usure
Pour la manne qui m'appartient

Cambriolée, usurpée
Sur laquelle, je me dois encore
Acquitter des intérêts
D'une dette éternelle

Car, que sont les comptes d'opération
Ouverts dans vos institutions
Captation de mes richesses
En mode supplétif
Comme autant d'esquifs

Parcourant les méandres
De ma jettatura
Remise de dettes
Ah ! La remise de dettes !

Escroquerie en bandes organisées
Mes intérêts
Jamais perçus
Servant d'adjuvant à mon aveuglement

Et moi, leur donnant raison
Je m'aliène tous les instruments
De ma souveraineté
Pour toujours leur être redevable
Quel paradoxe !

Surtout lorsque je parade
Persuadé d'être le maître de ma nation
Alors que je ne suis rien d'autre
Qu'un sombre et énième préfet
De la puissance colonisatrice
Et nous sommes au XXIe siècle
Quelle aberration !??

LES TEMPS D'AVANT

Antan, on mettait
Un point d'honneur
À la probité

On tirait profit de la modestie
On se projetait dans un avenir
De dur labeur souvent
Flirtant de temps à autre
Avec la vanité

Tant on voulait réussir,
Sans jamais
Avoir emprunté les chemins de travers
Mais c'était les temps d'avant

Quand l'on se signait
En passant devant une église
En croisant un corbillard
En regardant du plus loin
Un cimetière

Évidemment, on n'était pas
Du sérail politique
Un sérail qui a fini
Par codifier une façon d'être
Dommageable à l'idée même du politique

Que l'on a fini par railler
Quand le politique a fini par traîner
Dans ce sillage de compromissions
Tout le reste des indicateurs
Censés être des centres directeurs d'émancipation

Comme si je portais des Robes
Accolées à mon prénom Pierre
Cela aurait fait de moi
Un ardent révolutionnaire

Mais c'était les temps d'avant

ASTA LA REVOLUCIÓN SIEMPRE

Nous pensions être tous du même bord
Nous lancions au peuple
Les mêmes slogans mobilisateurs
Nous allions en guerre contre le néocolonialisme
Nous allions en guerre contre l'impérialisme

Notions étranges et étrangères
Au peuple qui n'en demandait pas tant
Et ces notions fournirent les alibis
De notre obsécration
Tandis que nous pensions :
Nous voilà à l'aube de notre rédemption

Mais il nous fallait de nouveau
Des ancêtres venus d'ailleurs
Dont on s'attribuait les slogans

Tout pour le peuple

Et il fallait
En fait d'écho, répondre

Rien pour le peuple !

Sans le savoir
Nous l'avions exclu
Nous étions pourtant confortés
Nous tenions le bon bout

La phraséologie du parfait révolutionnaire
Le petit livre rouge en exergue
Les oriflammes agitées encombrant les rues

De grands portraits
De nos nouveaux et augustes maîtres-penseurs
Tapissaient nos carrefours

Aucune image ne renvoyait
À nos traditions
Jugées hâtivement rétrogrades
Moins encore
À nos héros
Souvent embastillés
Comble de l'ironie
Par liberté-égalité-fraternité

Et maintenant
Il n'y en avait plus que pour
Les camarades Marx, Lénine, Engels, Che Gue Vara

Ah ! Le Che !
Celui-là était un peu de chez nous
De chez nous, il y était venu faire un tour
Une camaraderie nouée virtuellement
Nous pensions être soudés
Par le même idéal, mais
Le pouvoir est au bout du fusil
Professait doctement Mao

Repris par celui
Qui plus tard deviendrait
Notre immortel national

Chez nous très souvent
Ce ne fut jamais
Une expression vaine

Que de martyrs
Avons-nous porté en terre
Sans stèles
Anonymes parmi les anonymes
Souvent
Dans de fosses communes

La révolution avait depuis
Mangé ses meilleurs enfants.

Ils nous arrivaient très souvent
De nous projeter
Dans un monde
Que nous pensions réel

Où les barrières sociales
Étaient abolies
Et que nous étions
Une grande nation fraternelle

Mais las !
Illusions et désolations
Cruauté morbide
Des *camarades* à parvenir
Au sommet de la pyramide du pouvoir
Que nous rêvions
Du plus bas au plus haut

Alors il ne nous restait
Plus qu'à ânonner
Pareil au bègue qui s'essaie
À la diction parfaite
Des mots qui n'avaient
Plus de sens :
                Révolution
                      Lutte des classes
                              Pays

Alors il ne nous reste
Plus qu'à scander :
 Ayez pitié du peuple
Auquel le tyran prend
Un à un ses fils
Et la misère
Transforme ses filles
En prostituées

Je me sens étranger
À mon propre pays
Dont la tyrannie
Me maintient en exil

Offrant à ses affidés
La légitimité
De scander
Des slogans attentatoires
À ma liberté

JE BLÂME MON REPLI

Je blâme mon repli
Qui m'éloigne de mon destin
Surtout de ce pays mien
De l'homme libre
Libre comme la passion consciente
Et naturelle
De celle qui soulève les montagnes
En lame de fond
De sa propre existence
Comme de rêver, respirer
Mettre un terme à l'arbitraire
En lâchant les éléments déchaînés
Comme on ne peut domestiquer
Finalement
Un peuple épris de liberté
Ayant trop longtemps
Courbé l'échine et subit passivement
Les frustrations abyssales
Du déni de son existence
Jusqu'à la révolte
Que le tyran ne saura contenir

LE VOLEUR-FAISEUR DE ROIS
(Nsueki)

Vingt ans de prison
Par contumace
Le verdict tombé
L'opprobre suivait
Éclaboussait les siens
Alors que hurlaient
Les chiens de la damnation

Finie la bombance
L'exil était le seul recours
Ainsi étaient les temps anciens

Aujourd'hui tout est à la gloire
De celui qui sait capter les commissions
De celui qui se nourrit de compromissions
Le fieffé combinard dans le détournement
Des fonds publics

Il étale sans vergogne
Sa fortune et fête *ses* milliards
Encensé par les troubadours
Les griots des temps modernes

Le voleur devenu roi
Et faiseur de rois
Achète les consciences
Souvent sans effort
Gangrène la société
Appauvrit l'ensemble de la nation
Tandis que le sage
Croupit dans la misère
Moqué de tous

Les grandes réussites
Dépravation des mœurs
Accumulation des épidémies
Rébellion à répétition
Messianisme d'obscurantisme
Références religieuses biaisées
Syncrétisme dévoyé

Dans les abysses,
Reléguée,
Sombrant dans le banditisme primaire
Avec la religion en otage,
L'histoire est constance
Nous voilà revenus au temps des razzias
Abomination d'un autre temps ancien

RAISON BOULEVERSÉE

Réveils de feu
Au mitan de la cordillère
Le *Turrialba*
Poudroie l'espace avoisinant
En écho, le tremblement de terre au Népal
En guise de réplique
Spectaculaire éruption du mont *Shindake*
La désolation dévaste les cœurs
Qui saignent autant que les corps ensevelis

Alors que de l'Orient
La miséricorde s'est muée
En un long fleuve sanglant
Ponctué de salves meurtrières
Allahu akbar

Oui qu'il est grand !
En son nom, on commet de pareilles infamies
Pourtant tu ne tueras point !

Ébola, a fini de nous convaincre
Des dangers de la manipulation virale
Le réchauffement climatique
N'est plus une construction de l'esprit

La raison bouleversée
Face à la nature et au malin
Qui ensemble, se gaussent
De nos errements

On se surprend de penser que l'on rêve éveillé
Que le temps réel est à venir au réveil
Mais pourquoi en serait-il autrement ?

Regarder
En parcourant la toile
Référence des références actuelles
Tous les jeux que l'on propose
Sont à la gloire de la destruction

Le langage ne tourne plus qu'autour des « battle »
Comment pourrait-on mieux formater
Les consciences à tout détruire
En premier, la mère Nature ?

Les forces de destruction
Sont plus fortes désormais
Que les forces de raison
Burundi kwa moto na upanga
Congo en attendant kimbonguela

Au nom de clans
Arc-boutés au pouvoir et refusant
L'alternance

Les avions disparaissent
Les bateaux coulent
Que retenons-nous de tout cela ?

De renoncement en renoncement
La fuite en avant est inéluctable
Nous brouillons les cartes
Nous les rebattons sans cesse
Mais pour le même résultat

MIROIR MÉLANCOLIQUE

Qui sont donc tous ces enfants
Aux regards désincarnés
Ces chérubins que les conflits happent
Ces enfants que l'on surprend
Traînant des armes plus lourdes qu'eux
Dans les mêmes postures et mouvements
Opérés par le même bistouri
De la déconstruction mentale

S'égayant dans la nature
Monstres tourmentés hideux
Emprisonnés dans le cercle vicieux
De la violence barbare

Voyages dans les méandres
Insondables des esprits tourmentés
Se mêlent fumées des drogues
Des balles qui sifflent en musique d'orgues

De jour comme de nuit
Sans répits
Tous les dieux
De la coterie monothéiste
Comme les dieux
Animistes
Ont depuis déserté la miséricorde
Couronne l'infamie de la meute
Des pères et frères, parjures
Leur intolérance non assumée
Affrétant les nouvelles galères
De mitrailleuses et lance-roquettes.

LUZÒLO
(L'AMOUR)

*...si inférieure
que puisse apparaître sa condition,
qu'est sa personnalité,
la femme n'en exerce pas moins son influence
profonde et constante sur la société.*
Marguerite Sacoum

BRUNE D'INTOLÉRANCE

Connais-tu la brune qui mousse ?
Celle de cet appendice réfrigéré
Qui la débite à la demande
Avec des reflets mordorés
Bavant une écume avenante
Aux relents de houblon
Ou plutôt de pur malt

Connais-tu la brune qui mousse ?
Celle qui, pour son comble
Le croque-mort vient quémander une bière
Pour, non la croquer
Mais la prendre en grandes lampées
Claquant sa langue de délectation

Connais-tu la brune qui mousse ?
Non plus celle ci-devant
Mais bien celle qui te blotti
Entre ses entrailles bénites

Laquelle serait donc
La plus enivrante ?
Le houblon-malt
Ou celle à l'odeur des entrailles bénites

Et que j'exècre
La brune de l'intolérance.

FIDÉLITÉ INDÉFECTIBLE

Transi d'amour
Je renonce au vide que tu crées alentour
Pour mon cœur qui ne bat que pour toi
As-tu mis le feu à mon champ d'amour
Lieu de culture de mon affection pour toi ?

Pourquoi cherches-tu alors ma mort ?
Ce que je t'offre est peu de choses
Comparé à ce que tu peux trouver ailleurs
Mais ce que je t'offre c'est avec beaucoup d'amour
Que je n'ai cessé de cultiver pour
Toujours t'aimer

Je pensais entrer au paradis avec toi
Mais je me retrouve au Levant sans toi
Où mon cœur ne cesse de pleurer
Un amour déjà perdu amer

Mes plaies cicatrisées
Sont rouvertes et saignent à nouveau
Pourquoi pareille souffrance ?

Les soucis de nouveau, me donnent asile
Pour calmer mes tourments nouveaux
Qui sans cesse me rongent à satiété
Me privant de sommeil en endurance

Et je n'ai de cesse que je songe
De me tenir en éveil étrange
Sursauter dans la nuit sans fin
Te cherchant en vain
Alors que tu dors à mes côtés
Avec l'impression déjà ailleurs à aimer
Loin de moi
Savourant un nouveau bonheur
Un autre bonheur sans moi
Croix lourde à porter sans bonheur

Te crier mon amour ?
Il me faut t'offrir mon corps
En martyr pour l'éternité !
En signe d'alliance

Ainsi je m'en irais sans faire de vagues
En errance
Me cloîtrer, dépité

Tu m'auras déserté pour toujours
Me suis-je donc tant trompé ?
Malgré l'absence de tes caresses
Le temps poursuit sa frénétique danse
Le cœur plein de tristesse

L'amour rimant avec tendresse et joie toujours
Entre ciel et terre
Il n'y a point de frontières
Se donnant rendez-vous
Aux confins de la ligne d'horizon
Rendez-vous séculaire avec raison
Comme autant de fidélité indéfectible, j'avoue

JE TE REGARDE

À Rib

Je te regarde
Tout à tes pensées
Ta main droite posée
Sur ta cuisse droite
Soutenant ton menton volontaire

Que pourrais-je te demander d'autre
Que tu ne m'aies pas déjà refusé
La course qui s'engage
Semble un marathon
Au détour duquel
Le vainqueur pourra brandir
Le trophée de ta possession

Chevauchant tes incertitudes
Autant que tes incartades
Vastes conspirations
Que tu sais taire

Comme ces élans amoureux
Que tu déclames à nouveau
À ton nouvel éphèbe, qui te sublime

Tant les suppliques que tu lui adresses
Sont empreintes de tendresses
Inassouvies

Qui te font retrouver
Ce goût de la poésie amoureuse
Si longtemps reléguée aux confins
D'une vie si bouleversée
Sans plus d'attaches à ton sens

Je te regarde
Tout à tes pensées
Sans jamais en être le centre
Si ce n'est pas par intermittence
Comme repoussoir

Des mots qui de nouveau
Trouvent leur sens
Et t'épanouissent
Te rendant des ailes
Pour à nouveau
Papillonner de mille pirouettes
Le cœur plein d'amour
L'amertume remisée

Je te regarde
Tout à tes pensées
Le menton volontaire
Bravant le temps qui passe
Sans prise
Heureuse d'être toi.

Et je me dois de reconnaître
Dans le jour
Dans la nuit
Au crépuscule
À l'aurore
Au quotidien
Il y a toujours toi
L'insoumise à mon amour
Et moi
Ton éternel prisonnier
Hanté par ton fantôme
Lorsqu'arrive la nuit.

LA BELLE DAME SANS REGRET

La belle dame sans regret
Très proche de toi
Il fut temps de dire adieu
À cet amour non ordinaire

Baby love reste avec moi
Comment pourrais-je
Sinon garder le rythm'n blues
La cadence de la musique romantique
Que tu me susurres à l'oreille pour m'endormir
Dans tes bras si fins et graciles cependant

Maintenant, tu n'es plus que dans mes rêves
Sans autre folie à venir
Dis-moi encore que tu m'aimes
Si je peux y croire
Encore

Je ne saurais plus l'expliquer
À la face du monde
Je ne comprends plus très bien
La musique de l'amour

Elle était en toi dès le début
Comme une lettre d'amour
Mais combien de temps
Espérais-je la voir ouverte toujours

Vais-je devoir te perdre tous les matins
Comme un papillon voletant
De fleur en fleur
Jusqu'à la tombée de la nuit

L'amour ne peut me laisser tomber
Si bas
Si bas
Si bas

Je suis fou d'encore
Te vouloir
Pour l'amour
Alors que l'amour
Fort longtemps a déserté
Jusqu'à ton imaginaire

Je sais me passer de toi
Pour tout ce que nous savons
Tu as changé

Mais il est toujours facile
De se rappeler
Belle
Heureuse d'être malheureuse

Je serais encore là pourtant
Pour le final de notre histoire
Et je suis fou de te vouloir
Sans plus jamais
Avoir ce droit de te déplacer
De nuit comme de jour

Contrecoup du blues
Voulant encore et encore du rythm'n blues
Une douceur dans mon café amer
De tous les matins

Il ne reste plus que le blues
Dans la maison du soleil levant
Le blues pour dulcinée
La plus grande romance
À jamais éteinte.

LE BAL DES NYMPHES

Tombe
Tombe, tombe
Pluie mélodique

Mélodie
Ouatinée par la lumière vespérale
Qui fait danser
Danser
Les nymphes d'eau

Les ailes
Les ailes déployées
En une frénésie
Frénésie contagieuse
Accourt
Accourt
La fratrie dispersée
Dispersée
Aux quatre coins de la mare

La mare aux nymphes d'eau
Captant les gouttes
Les gouttes, goutte à goutte
Tambourinant
Tambourinant en un vacarme harmonieux
Microsillons mélodiques
Chorus
Du goutte-à-goutte

Surface ondulée de la mare
Harmonie musicale

Puis quand
Quand le soleil paraît
Soleil de midi
Midi
Au mitan de *l'angélus et du crépuscule*

Le bal des nymphes d'eau
Depuis belle lurette
Belle lurette
Avait clos le tempo
Par une danse sur une flette
De nymphes d'eau.

UNE FILLE DE JOIE

À l'orée du bois
Victime expiatoire
Clients jubilatoires
Clients tapis dans le bois
Autant de fois
Rencontres tarifées

Courant courant le bois
Recherche d'un espace commode
Au fin fond du bois
Pour se tenir cois
À la demande

Les mains, la bouche, les pieds
Enchevêtrés comme il sied
À pareille situation
Éphémère solution
Sans cesse renouveler
Se laissant malgré tout caresser

Une fille de joie
À l'orée du bois m'a fait courir au coin
Comme un pingouin

Mon pantalon
Enserrant mes mollets
Courant courant
Comme un feu follet

Une fille de joie
À l'orée du bois
M'a appris les joies
De l'amour clandestin
Avec un aplomb certain

MÉNO
(MOI)

L'ailleurs serait-il plus propice
À nous apporter la vérité ?

DOUBLE JE

Autant de fois
Je scrute le miroir
Qui me renvoie du fond de son tain
Une image de mon moi à l'infini
Me condamnant d'être certain
À chaque fois
Surtout le soir
Que mon double à l'infini
Soit toujours présent

Je regarde mon image
Dans un miroir
Comment puis-je être
Un étranger pour moi même

Celui qui me regarde
Et qui me regarde
Et que je regarde
Semble aussi perplexe
Mais qui est-ce donc ?

Regarde comment il est grave !
Oh ! Il a un sourire en coin !
Non ! Il fronce les sourcils !
Ah ! Des larmes…

Des larmes coulent
Sur ses joues
Ses yeux en déversent
Des torrents

Pourquoi donc ?
Peut-être continue-t-il
De se rappeler
Ce jour triste du départ du père !

Peut-être continue-t-il
De se rappeler
Ce jour triste du départ de la mère !

Peut-être continue-t-il
De se rappeler
Ce jour triste du départ du frère !

Cœur inconsolable
Raisons insondables
Pourquoi donc ?

Je regarde mon visage
Dans un miroir
Comme cette ombre
Qui mime tous mes mouvements

À l'heure de mon départ
Me survivront-ils ?
Il me semble

Des traces j'en laisse
Mais que seront-elles devenues
Lorsque, Moi
L'étranger à mon propre Moi
S'abandonnera à tous ses souvenirs
Autant qu'à mes illusions
De toujours être
Et que je ne serais plus ?

LA COHÉSION DU CLAN

J'ai posé un œillet
Sur le revers de mon veston
Insensible à l'outrage
Du temps qui file à l'horizon

Renaissant comme l'iule des marais
Derrière les champs de pavot
Mais loin des arômes envoûtants
Comme autant de grains de café torréfiés

Les fleurs blanches de lin
Jouant du miroir
Avec le ciel bleu azur
Je me suis enivré au génépi
Alors que la sauge
M'emplit de son parfum

Le parfum de l'infusion du bulukutu
Me ramène dans la contrée
De mon enfance
Exhalant les senteurs boisées
Du sous-bois totémique
Celui de ma construction

Alors avec impatience
Je guette le moment
Où rassemblée en demi-cercle
Face à la mère
La fratrie communie
Autour du repas du soir

Moment de fusion, dévolu
À la cohésion du clan.

AINSI VA LA VIE

Là, le clapotis fugace, mais bien réel
De l'aquarium nimbé
D'un halo presque irréel

Ici, le ronronnement régulier
De la machine à pain
Au détour de la chambre à coucher
Sans entrain
Le ronflement du père
Dans son monde irréel
Puis le bip régulier et inquisiteur
Du radio réveil
S'est mué en radio éveil

Ramenant de très loin
La radio de l'amateur
À l'écoute du monde
Surtout marin
Loin de toute clameur
Et ses coefficients de marée

Dans une barque amarrée
Aux limites de la ligne de flottaison
Chavirant la raison sans passion
Dans le croisement des péroraisons
Souvent et curieusement nocturnes
Comme bouées, trouées
Ou phares torturés
Par les bourrasques d'une mer démontée

Le clapotis ici de la rivière
Qui serpente à travers la vallée derrière
Le morne hérissé d'une végétation luxuriante
Avec en écho la cacophonie exubérante
Des grenouilles des soirées torrides
Du mois de juillet
Que l'on taquine avec un filet

Exorde
D'une nuit sans fin
Que ne vient pas troubler la lumière blafarde
De l'aube qui se lève sans fin
Inassouvie bâtarde
Guettant avec avidité
Les premiers bruits de la ville qui s'éveille
De la nuit qui s'étiole, blasée
Répudiant par avance les caresses de la veille

JE HAIS LES RÊVES

Je hais les rêves
Autant que les réveils
Qui leur succèdent
En enlèvent le charme
Qui se brise tel un miroir
Laissant toujours
Ce goût d'inachevé
Encore que souvent
Les tentatives de renouer les fils
Demeurent vaines
Mais surtout frustrantes
Les langueurs finissant en brouillard
Comme les ombres avec le crépuscule

LUBÀMBU
(MÉMOIRE)

*Mes pieds sont l'enracinement
dans mon terroir
tandis que mon esprit vogue dans un ailleurs
avec pour compagnons,*

les ailes de l'Aigle royal

ODE AU FRÈRE TÔT DISPARU

À Désiré Bonaventure Lhoni

Une étrange émotion me submerge !
Comment puis-je parler de mon frère
Sans m'adresser directement à lui !
Que me reste-t-il comme souvenirs
Des moments passés
À nous chamailler fraternellement
Des moments passés à essayer
De refaire le monde
Nous moquant avec une certaine malice
Des turpitudes
Des prétendus puissants de ce monde
Désiré oui Désiré ceci n'est pas banal !
Puis Bonaventure !
Mais qu'étaient-ils allés chercher là
Nos chers parents ?
Cela ne fit pas un pli
Mon frère s'est appliqué
À vivre la bonne aventure
Et de désirer partager toutes ses passions.
Passion pour les arts,
Passion pour les cultures,
Passion pour la musique.

Ces passions livrées sans retenues
Au long cours de sa vie professionnelle
Il créera à Rennes le premier bar
Dans lequel la musique joue
le catalyseur des rencontres nocturnes
Tous les genres y trouvent leur exutoire
Mais plus que cela c'est l'esprit de partage
Qu'il fallait systématiquement retenir
Cela lui permettra de nouer des amitiés
Qui pour certaines lui sont restées fidèles
Tandis que d'autres se sont empressées
De se mettre au diable vauvert
Ou aux calendes grecques
Sûrement pour mieux donner un sens
À cette maxime de La Rochefoucauld
Qui écrivait en son temps :
Il y a dans l'amitié un goût
que ne peuvent atteindre
ceux qui sont nés médiocres.
Mon frère, ici je demande
à mes autres frères et sœurs
De me pardonner cette singularité
De le nommer ainsi
Alors qu'au fond
Il ne m'appartient pas plus qu'à eux

Je disais donc que mon frère,
Au-delà de ces louanges
Et comme tout être humain entier
Pouvait paraître par moment
Comme imbu de sa personne, hautain...
C'est simplement le travers des perfectionnistes
Qui bien souvent pensent que tout le monde
Est capable des mêmes exploits.
Mon frère Désiré était donc
Un créateur des lieux de rencontres
Et qui symbolise nos retrouvailles de ce jour
Encore une fois autour de lui
Certes dans une ambiance non festive
Comme il les affectionnait
Aujourd'hui et au nom de tous les miens
Je lui dis cette fois et pour toujours :
Salut l'artiste et bon vent
Pour de nouvelles créations
Hakuna Matata !

       Saintes (France), 7 février 2013.

FRÈRE GRAND

Nos destins partagés
Nos destins finalement départagés
Du lointain de notre naissance
Nos routes se sont parfois décroisées
Pour toujours se recroiser
Parfois en de lieux insolites

Mais comme l'aigle
Toujours, nous reformions notre aire
Dans laquelle foin de notre père
Nous n'oublions jamais
Que nous étions d'ici et non d'ailleurs

Cet ailleurs
Porte à jamais close en ce mois de février
D'où cette fois
Tu ne reviendras plus

Pour à nouveau accomplir
Ensemble le rite de l'aigle
Préférant celui du phénix

Le rite de la crémation s'est accompli
De tes cendres tu renaîtras
Pour être adoubé
Par les ancêtres génésiques
Lorsqu'en leur sein tu apparaîtras

Et qu'à ton tour
Tu siégeras
Parce qu'à ton tour
Divinité et ancêtre
Tu es devenu.

TAXI-BROUSSE

Tanière du fond de brousse
Tu as amorcé la première rencontre
En fécondant d'autres
Croisées de destins singuliers
Pour certain devenus réguliers

Dans cet espace
Aux dimensions spartiates
Où se côtoyaient tous les soirs
De nuées disparates

Attirées par les musiques hétéroclites
Source d'instruments en accords parfaits
Miroirs des joutes
Verbales
Canailles
Amoureuses

Libertinages inapaisés
Qu'accompagnaient des ombres furtives
Dans le halo des fumées de cigarette

Le tintement des verres de *Ti Punch*
Ouatinés par le tempo de la basse jazz
Rehaussant à rebours le saxo de Miles
Ascenseur pour l'échafaud

Avec un credo devenu mots de ralliement
Feu la terre !
La terre brûle !

Possessions et transes en accompagnement
Libidos débridées avec engouement
La magie des rythmes caraïbes et kongo
Étrésillonnant avec habileté
L'extase au bout de la nuit

Tribut de la tribu sans ennuis
Des noctambules associés
Et des alcoolos assoiffés

On émergeait de la fosse aux aurores
La tête gorgée de souvenirs
D'un retour imminent en ce lieu
Sans fond sacralisé.

MAKUELA
(UNION)

*Je te fais don de moi
pour qu'en retour
je sois toujours en toi*

ALLIANCES CLANIQUES

à Bénédicte

Ce matin
J'ai précédé le réveil
Qui me tire du lit
À l'aube naissante

Je me suis posé la question
De ton engagement
Mille idées confuses
Ont peuplé ma nuit

Elles se sont bousculées
Dans ma tête
Alors que j'émergeais d'un sommeil
Envahi de références
À notre clan

J'ai essayé de mettre
De l'ordre dans notre filiation
Qui étions-nous ?
D'où venait le premier ?
D'où venait la première ?

Ils firent que le clan
Par juxtapositions successives
S'est nourri de différents apports

Strates diffuses
Par absence de datation
Notre oralité non entretenue
Absence de fondement scripturaire
Nous laisse un étrange héritage métis

Ce dont je me souviens
Les liens dans le berceau du terroir
Obéissait à des règles
Obéissait à la coutume
Tout était codifié
Par avance

De la naissance
À l'envol vers d'autres cieux
Le vin de palme
De la bénédiction
Du fait même de ta naissance
Scellait un destin
Par le jeu des alliances claniques

Mais dans le monde
Dans lequel nous vivons
Il nous faut réinventer
Nos codes
Nos parentés

Et les alliances
Que nous y nouons
S'affranchissent
Bien souvent
De nos traditions
De nos coutumes
Sorties de leur cadre
De leur espace géographique

Me voilà sommé
D'être le phare
Un phare sans énergie primaire

Ce jour est celui de ta décision
De tenir un nouveau cap
Auquel tu voudrais
Un phare témoin
Comme guide tutélaire
Et te rassurer sur ton choix

J'accepte de te tenir
La main et t'accompagner
Vers celui qui t'a choisi

En formant le vœu
Que ta nouvelle vie
Ta nouvelle parenté
Soient le couronnement
De tous vos désirs

Table

Mbànzulu (réflexions) 11
Râles de mon exil 13
Pour saluer ta mémoire 15
La porte de non-retour (Gorée, l'île) 19
Dette éternelle 24
Les temps d'avant 27
Asta la revolución siempre 29
Je blâme mon repli 35
Le voleur-faiseur de rois (Nsueki) 36
Raison bouleversée 38
Miroir mélancolique 41

Luzòlo (l'amour) 43
Brune d'intolérance 45
Fidélité indéfectible 47
Je te regarde 50
La belle dame sans regrets 53
Le bal des nymphes 56
Une fille de joie 58

Menò (moi) 61
Double Je 63
La cohésion du clan 66
Ainsi va la vie 68
Je hais les rêves 70

Lubâmbu (Mémoire) 71
Ode au frère tôt disparu 73
Frère grand 76
Taxi-brousse 78

Makuèla (union) 81
Alliances claniques 83

Cet ouvrage a été réalisé
par les ateliers graphiques ACGI
pour le compte et sous la direction
de Benoist Saul Lhoni

© 2018 Benoist Saul Lhoni
Édition : Books on Demand
12/14 Rond-point des Champs-Élysées, 75008 Paris
Impression : BoD —Books on Demand, Norderstedt, Allemagne
ISBN : 9 782 322 163335
Dépôt légal : octobre 2018